AF381289

Aron-Thorben Zagray

Das Schlimmste ist nicht die Einsamkeit

Gedichtband

Bibliografische Informationen der Deutschen Nationalbibliothek:
Die Deutsche Nationalbibliothek verzeichnet diese Publikation in
der Deutschen Nationalbibliografie; detaillierte bibliografische
Daten sind im Internet über dnb.dnb.de abrufbar.

© 2023 Aron-Thorben Zagray
2. überarbeitete Auflage
Herstellung und Verlag: BoD – Books on Demand, Norderstedt

ISBN: 978-3-7583-0688-4

In Menschenmengen weilt oft ein Schatten, sanft und schweigend, wie ein Geist, von der Masse kaum vernommen.

II

IV

Nichts

Nichts schreit so erdrückend wie die tiefste Stille,

wenn der Himmel zerbricht und dir bewusst wird,

dass du allein bist.

Nichts schmerzt so tief wie die unendliche Weite,

wenn vor dir nichts bleibt als Wege,

noch mehr Leben.

Nichts täuscht so meisterhaft wie das schönste Spiegelbild,

wenn nichts mehr real ist.

An dem Wesen, ohne Falten, ohne Narben,

ohne alles

Einer von uns

Die Hände sind vernarbt vom Tag,

die Falten voll von Staub.

Kalkweiß.

Das Gesicht gezeichnet in Konturen,

so hart und schwer.

Felsengrau.

Dahinter eine Seele ohne Essenz,

so alt und verbraucht.

Gebrochen.

Von der Schicksalsstunde noch

lange abgeschieden.

Noch.

Er wird auch morgen erscheinen

und hier sitzen;

ganz allein.

Stellvertretend für uns alle,

ohne Hoffnung oder Sinn.

Der mürrische Mann

In einer Welt, die nur Schwarz und Weiß kennt,

steht er wie die Säulen des Herakles:

Am Ende.

Am Abgrund.

In die Leere blickend.

So könnte man denken,

betrachtete man das arme Geschöpf.

Doch für den Mürrischen gibt es noch mehr:

Angst.

Leid.

Unsicherheit.

Und ein Leben, das nur als Wort existiert.

Der Letzte

Es ist oft der ehrlichste Augenblick.

Der letzte Hauch, der den Körper verlässt,

leicht die Lippen berührt

und niemals zurückkehrt.

Die Muskeln entspannen sich,

als ob die Zeit selbst die Falten wegwischt.

Menschlichkeit in der Luft schwebt,

in Würde und Hoffnung,

ein großartiges Erbe

eingebettet in unser Sein.

Bedeutung

Die Schreie aus dem Tunnel,

den du grubst, ein Leben lang,

verhallen in der dumpfen,

grauen Schlucht.

Die Frage, wer du bist,

die du seit Anbeginn gestellt,

entrinnt deinen Lippen,

verstummt im Asphalt.

Die Blicke, die du in die Welt gesandt

mit größter Hoffnung,

ersticken unerwidert im Wind.

Die Bedeutung des Jetzt,

nach der du im Fieber suchtest,

im Ozean der Hoffnung versinkt,

den du mit Tränen füllst.

Abgründe

In der menschlichen Natur verbergen sich Schluchten tief,

lebensfremd und still.

In jenem Wesen, das die Sterne begehrt,

liegt der Abgrund verborgen.

Es ist unsere größte Stärke, unsere Achillesferse zugleich.

Abgründe treiben uns voran,

unsere Sehnsucht lässt uns nach Höherem streben,

uns über uns selbst hinauswachsen.

Doch gleichsam,

Abgründe zermürben uns,

zweifeln lässt uns das Dunkel,

leiden wir in der Tiefe.

Dennoch, dies ist das Wunder der Existenz.

Kreisförmig

Wie können wir den Schmerz verstehen,
ihn überwinden?
Wie können wir den Übermut zähmen,
ihn bändigen?
Wie können wir den Hass bezwingen,
ihn besiegen?

Wie die Täuschung?
Wie die Lügen?
Wie die Ignoranz?

Wenn wir nur um uns selbst kreisen?

Wie?

Verschwendung

Behalte die Momente,

die Wörter,

und deinen Stolz.

Die Zeit,

die halbgar scheint,

wird zur Perle der Erinnerung.

Es wäre Verschwendung,

rein und kostbar,

wie der Whisky im Glas,

in dessen Tiefe Geheimnisse ruhen.

Die meisten Worte sind heiße Luft,

doch einige sind wie Funken im Dunkeln.

Es wäre Verschwendung,

gewaltig und unverzeihlich,

wie der Schatten verpasster Chancen,

der uns nie verlassen wird.

Verschwendung.

Unheimlich schön

Wir sind nur flüchtige Hauche,

im Leben des anderen,

wie Kirschblüten im Frühling.

Verletzlich, einzigartig, und dennoch perfekt.

Doch bedenke:

Jede menschliche Station

auf der Reise dem Tod entgegen

ist lediglich ein Zwischenstopp.

An einem Bahnhof, so beeindruckend,

dass der Schmutz nur sichtbar wird,

wenn wir wieder auf den Schienen rollen.

Als ewige Reisende.

Medizin

Das Meer der Seele füllt sich mit Trennungstränen

und dem Scheitern, einer bitteren Flut.

Scheitern in all seinen Facetten, weit und eng zugleich,

wie Schatten, die uns einholen.

Nichts währt länger als eine Wunde,

die tief in der Seele gerissen wurde.

Wird sie jemals heilen?

Meine Medizin ist das Schreiben,

ein Floß aus Worten,

um auf dem Meer meiner Gedanken zu treiben.

Was ist Ihre?

Im Bus

Trostlose Blicke verbergen sich

hinter der Schallmauer

kabelloser Kopfhörer.

Hinter den vergilbten Seiten

weniger Bücher,

blecken schiefe Zahnreihen.

Stark riechende, günstige Parfüms:

Der Duft allgegenwärtiger,

depressiver Konformität.

Als Zeichen ernster Einsamkeit

wirken Krawatten fast erstickend,

verkommen zu Henkerswerkzeugen

der Pflichterfüllten.

Das Leben transzendierend,

sind längst vergessene Träume

nur noch Kondensspuren

an verschmierten Fenstern.

Fakten

Flügel der Unendlichkeit liebkosen

meinen Geist, wenn ich schreibe.

Sie erschaffen das Beklemmende und das Weite,

und die Freiheit in Worten.

Sie schaffen den Raum, um auszusprechen,

was ausgedrückt werden muss:

Alles, was sich in den Abgründen der Menschheit zu

tummeln scheint.

Münder von Tausenden, Wütenden und Wahnsinnigen

flüstern schreiend in meine Ohren.

Prächtige Farben strömen auf mich zu,

auf den Gipfeln der Emotionen.

Doch kaum zu erfassen,

wie die ultraviolette Realität meiner Existenz.

Die schwarz-weiß denkende Menschheit

erschöpft meinen Verstand

und erstickt die Flammen meiner Kreativität.

Taube Ohren zerschmettern selbst die letzte,

blinde und naive Hoffnung

auf einen Waffenstillstand

zwischen

euch

und

mir.

Ich bin

Bewohner der Welt, schwebend zwischen Welten,

Beobachter des Lebens und des Todes,

des Erfolgs und des Scheiterns.

Tiefe Gedanken, himmelhohe Begierden

und schwere Fehltritte sind der Wind für

meine Höllenschwingen.

Es ist der Verstand, der mich schützend stürzen will,

doch meine Ikarus-gleichen Gedankenströme

tragen mich rechtzeitig fort.

Vielleicht verbrenne ich gen Sonne.

Vielleicht breche ich alle Regeln der Kunst

und dann die Kunst selbst.

Es bleibt abzuwarten.

Das ist das Leben

Für immer währender Schmerz,

aus den dunkelsten Ecken

deines Hirns gekrochen.

Pulsierende Wolken des Elends

ziehen langsam vorüber.

Verzweiflung, getarnt als flüchtiger Funke der Hoffnung,

doch nur eine weitere Quelle der Qual.

Hier gibt es keine weiße Taube der Unschuld.

Keine Erlösung, keinen göttlichen Wächter.

Nur die pulsierenden Wolken des Elends

in deinem Inneren.

Wegen vergangener Sünden

und jener, die noch kommen.

Dunkle Nächte

In dunklen Nächten schöpfen wir Kraft,
um unbeirrt weiterzugehen.
Die Finsternis heilt Wahn und Angst,
während die Sterne am Himmel stehen.

Doch die Lichter, die unsere Städte erhellen,
brennen am Ende zu hell.

Gesichter

Rauchschwaden hüllen die fruchtbaren Ebenen ein,

in gelben Wolken offenbart sich

leerer Sonnenschein.

Die prächtigsten Früchte welken in

schattenspendenden Gebärden des Unheils.

Sie verlieren ihren Glanz, vertrocknen

unter sengender Hitze.

Alles, was die Jahre nach jugendlichem Leben schrie,

ist erschöpft,

auf dem dürren Nichts

gedeiht nur noch Gestrüpp.

Das Scheitern fließt in Rinnsalen

durch die gefühllosen Weiten,

bis der letzte Tropfen schließlich

im Alltag versiegt.

Minuten verstreichen mechanisch,

und nebelhafte Erkenntnisschlingen

ziehen sich durch das Tal,

hinab in den tiefen Schlund.

Langsam lichtet sich der Nebel.

Flügel

verleihen Auftrieb, und das sich Offenbarende

enthüllt das qualvolle Immerdar.

Die letzten Seiten

Das Lesen der letzten Seiten eines guten Buches,

gleicht dem Erinnern an einen verstorbenen Freund.

Die Erinnerungen an die guten und schlechten Zeiten,

das Lachen, die Tränen, die Umarmungen und Streits.

All das war einzigartig, doch oft

haben wir es nicht erkannt.

Das macht die letzten Seiten, die letzten Augenblicke,

so unvergesslich.

Momente

Drohende Gedanken in den braunen

Fluten des morgendlichen Kaffees.

Anstürmende Geruchsschwaden menschlicher

Ausdünstungen im städtischen Bus.

Die bleibende Unendlichkeit eines flüchtigen

Lächelns der namenlosen Verkäuferin.

Selbstzufriedene Blicke der emporstrebenden

Jugend im Stadtpark.

Die tiefgründige Enttäuschung in den glasartigen

Augen, von ihren dunklen Rändern

verschlungen und umrahmt.

Sanfte Sonnenstrahlen durchbrechen triste, graue

Regenwolken, die zu weinen beginnen.

Die kalte Wahrheit in schweren Tropfen,

die die grauspiegelnde Haut der Passanten überzieht.

Scheinbar vergessene Häuserschluchten, vom Leben

durchtränkt, reflektieren Lebendigkeit aus jeder Pore.

Die Musik in den Hintergründen untermalt das

geschäftige "Nichts" der sich tummelnden

Alltagsmenschen in diesem Augenblick.

Was ich sage

Ihr sagt, was ich sage, sei Hass,

doch in meinen Worten, seht, steckt die Welt.

Ihr sagt, was ich sage, sei Luft,

doch in meinen Sätzen atmet das Leben.

Ihr sagt, was ich sage, sei nicht gut,

doch in meinen Gedanken spiegelt sich die Wahrheit.

Ihr sagt, was ich sage, sei ein Versuch,

doch in meinen Worten liegt die Unendlichkeit.

Ihr sprecht, ich lausche an der Schwelle,

wo Worte zu Welten werden.

Was ich sage, ist die Welt,

in ihren Grundfesten wird sie die Zeiten überdauern,

selbst wenn es nur als kleinster Nenner ist,

als Atom in der Unendlichkeit.

Scherben

Als der menschliche Glanz aus deinen Augen schwand,
blieb nur die Finsternis der Trauer.

Du warst zerschlagen, und wir, verloren.

Bis zu diesem Zeitpunkt spiegelten deine Augen die Welt,
reflektierten sogar den fahlsten Lichtschein.

Doch nun gab es kein Licht, keine Zukunft, kein "Wir".

Da ließ ich den Hammer fallen,
und trat ein in die stille Dunkelheit.

Etwas Abstand

Manchmal brauchen wir Abstand,

um uns der Welt bewusst zu werden.

Der Alltag drängt und drängt.

Jede Sekunde,

Minute,

Stunde

ist ein Puzzlestück, das uns bindet.

Aber was wir wirklich brauchen, ist

Abstand.

Exzellenz

Es gibt nur noch mich,

dieses Blatt Papier

und "Almost Blue".

Die Worte gleiten auf das Weiße,

sanft, wie Tränen auf glatter Haut,

während mein Blick sich verliert und die Zeit gefriert.

Diese Nacht, ein kurzer Augenblick,

sieben Minuten der Vollkommenheit,

sieben Minuten der Exzellenz.

In diesen kostbaren Minuten,

die die produktivsten des Tages sind,

findet meine Seele den Rhythmus.

Licht

Menschen, die ich liebte,

gingen verloren auf dem Lebensweg.

Die Suche scheint mich zu erdrücken,

in der Tiefe des Seins gefangen.

Menschen, die ich einst liebte, verlor ich,

während ich dem Licht entgegeneilte.

Es blieb bloß Flimmerglanz.

Denn am Ende erstrahlt nur Licht.

Was man erträgt

Es sind die größten Opfer, die wir bringen,

um als Zivilisierte zu gelten.

Gefälschte Blicke und inszenierte Mienen,

durchtränkt von feiger Haltung und

Gutmenschenphrasen.

Um die Bestie in uns zu bändigen,

um sie zu zähmen,

gehen wir weit.

Es sind die größten Frechheiten, die wir ertragen,

um uns als Mensch zu begreifen.

Die Lügen und den Hass.

Gekleidet in feinstem Tuch und

maßgeschneiderten Anzügen.

Um die Bestie in uns zu bändigen,

um sie zu zähmen,

gehen wir weit.

Doch wie selten sind wir wirklich wir selbst,

wie ein sich entfaltendes Blütenblatt

in der Süße der Einsamkeit?

Um die Bestie in uns zu bändigen,

um sie zu zähmen,

gehen wir weit.

Nur um Mensch zu sein.

Männer wie ich

An diesem Tag waren so viele gute Dinge,

die Einsamkeit und die Stille formten mich.

Sie bringen Männer wie mich hervor.

Und die Welt, die uns erschafft.

An diesem Abend waren so viele gute Dinge,

die Dunkelheit und der Schnaps belebten mich.

Sie beenden Männer wie mich.

Und die Welt, die uns verschlingt.

Und das ist gut so.

Sommer

Die Nächte sind milder geworden,

Bier und Wein fließen wärmer.

Der Sommer ist da, wenn die Nächte

die Alltagsmenschen wach halten,

während du schweißgebadet erschrickst,

und es nicht die Rechnungen sind, die dich quälen.

Die Menschen kriechen aus ihren Verstecken,

um sicherzustellen, dass sie noch immer existieren.

Inmitten dieser lauten Sommernächte,

füllen sich Mägen mit Grillfleisch und Alkohol.

Und ich sehne mich nach Herbst.

Kein Titel

Ohne Namen ist dieses Gedicht,

entstehend in der Küche, wo ich verweile.

Der Reis köchelt, der Duft ist ein Gedicht,

bald werde ich mich nähren, ein himmlisches Teilen.

Gedanken schweifen, in diesem Moment verweile ich,

ich selbst und keine Maske, kein Schauspiel, kein Zerren.

Achtsamkeit ist der Schlüssel, kleine Dinge zu schätzen,

die Wunder des Alltags, die uns ergötzen.

Diamant

Wie diese Worte tropfen,

in die Unendlichkeit fließt du,

mein lebendigster Beweis.

Rinnst hinab die Wangen,

wie Tränen des Himmels.

Ein Versprechen des Lebens,

ein flüchtiger Kuss.

Du brichst das Licht, veränderst die Farben.

Die Essenz allen Seins,

der Keim von uns allen.

Streben

Schreiende Berge im ersten Licht des Tages,

Schweißflüsse aus den Poren, groß wie Kinderaugen,

in denen Neugier und Staunen wohnen.

Winzige Zielpunkte in der Ferne,

wie tausend Augen, die die flammenden Weiten

der Größe durchbohren.

Reflexionsflächen, die gnadenlos und unermüdlich

jede Zeile dieser Lebensgeschichten aufsaugen.

Ressentiment ebnet selbst den schmächtigsten Strohhalm,

an dem sich die Halbschattenmenschen festklammern,

die Karriere und Erfolg um jeden Preis suchen.

Das Streben wird zur Sucht, zur Selbstverleugnung,

zur Preisgabe des Menschlichen in uns,

all dem, was uns einst ausmachte.

Wunsch

Eisblaue Sterne, wie Diamanten am Himmelszelt, glänzen

über der kargen Wüste, durchdringen sie,

zertrennen die Stille, enthüllen die Szenerie.

Ihr Licht erweckt die steinernen Figuren,

und befreit sie aus ihrem ewigen, sanften Schlaf.

Der Boden zerreißt, ein Schlund aus Dunkelheit,

ich flehe, verschone mich.

Danksagung

Die kalte Schulter, der missbilligende Blick,

sie erstarren den Schriftsteller, den Dichter, den Mensch.

Doch im Tod fand ich mehr,

als herzliche Liebe je gab.

Mit dem plötzlichen Ende

irdischer Pflichten und spiritueller Ängste,

wurde ich unendlich.

Deshalb schreibe ich,

aus keinem anderen Grund,

entstehen diese Zeilen.

Melancholie

Keine Schönheit ohne dich.

Kein Aufschrei,

kein Epos.

Du bist Stärke, du bist Katalysator.

Du bist.

Du gibst.

Höre niemals auf!

Hey du

Hellblaues Traumnetz.

Goldblondes Seidenband.

Rosé-roter Höllenmund.

Versprechen der Unschuld und Jugend.

Für alle Ewigkeit.

Du flüstertest mir ins Ohr.

Und ich stürzte in dich hinein.

Letzter Tanz

Heute Abend, oh ja, heute Abend,

werde ich der Musik lauschen.

Eine ganze Nacht lang.

Chet, mein alter Freund, heute Abend

lasse ich dich erneut spielen.

Erfülle diese kalte Winternacht für mich.

In dieser einsamen Nacht, lass uns zusammenleben;

ein letztes Mal.

Bevor alles endet.

Bevor ich vergehe; für immer.

Memo

Flammendes Eis, grüner Magmastrom,

gelbe Lärchen,

und der blutrote Abendhimmel.

Die Realität erscheint wie eine surreale Hölle,

in der nur die kühnsten Träumer

eine Zuflucht finden.

Die Welt erinnert an das Erbe von Eden,

eine trügerische Stille,

bevor der Sturm hereinbricht.

Sanduhren in Glockentürmen schlagen

im Takt einer scheinbar

pathologisch-rationalen Gesellschaft,

in der alles als vernünftig gilt.

Nur wir scheinen uns diesem Muster zu widersetzen.

Tiefschwarz

Brüchiges Milchweiß, verlass mich nicht!

Ohne deine Präsenz bin ich

nur noch mit mir hier.

Ich verliere mich im Dunkel meiner selbst.

Dem Vorhof zur Hölle par excellence.

Dem Tiefschwarz der Menschlichkeit.

Abschied

Ich erkenne dich nicht mehr.

In deinen Augen herrscht Stille,

nicht als kurzzeitiger Gast,

sondern für die Ewigkeit.

Das Leben scheint erloschen,

die Lider wie geschlossene Jalousien.

Ich erkenne dich nicht mehr.

In deinen Worten nur noch Leere.

Ein strahlender Körper,

vielleicht beeindruckend,

doch ohne Seele, ohne Sinn.

Ich erkenne dich nicht mehr.

Es schmerzt.

Leb wohl.

Viel Glück.

Adieu.

Das echte Leben

Keine glänzenden Masken,

keine falschen Spiele,

keine strahlenden Helden,

keine Siegergeschichten.

Hier ist das reale Leben.

Mit all seinem Schmutz und

den Trugbildern,

den Untaten,

der Zerstörung und

der Unmenschlichkeit.

Einfach das wahre Leben.

Neid

Im Schattenreich, aus finsteren Ecken,

kriecht er leise, auf Beute bedacht.

Sucht immerfort nach einer neuen Seele,

und in der Dunkelheit nimmt er Macht.

Langsam schlängelt er sich aufwärts,

erblindet Sinne, raubt den Verstand.

Doch allzu oft erkennen wir zu spät,

seinen Einfluss, der sich breitet im Land.

Das Beste daran

Das Schlimmste ist nicht die Einsamkeit,

sondern die traurige Erkenntnis, dass

dich niemand in deiner Ganzheit begreift.

Einsamkeit kann zu einer kostbaren Gabe werden,

die dir widerfährt.

Denn nur in der Stille, die

in der Einsamkeit verborgen liegt,

der vollkommenen,

der schonungslosen

Stille,

erkennst du dein wahres Selbst.

Und das ist von unschätzbarem Wert,

übertrifft alles andere.

Es muss dir egal sein!

In dem Augenblick, in dem alles

auseinanderbricht.

Die Zukunftspläne, die Träume,

alles.

An diesem Tag, an dem du in der Bar

verweilst und

die Gedanken flüstern, alles

aufzugeben, was dich definiert.

In dem Monat, in dem du erkennst, dass

du nur ein kleines Rädchen

im Getriebe der Gesellschaft bist,

weil das Leben unbeirrt weitergeht.

Unnachgiebig.

Vorhänge

Im Kunstspiel aus Orchester, Ballett, Theater,

blüht die Vorfreude, bevor sich der Vorhang hebt,

wie ein Knospenmeer vor der Morgendämmerung.

Was darauf folgt, erfüllt oft

mit Genuss und Staunen,

doch erreicht selten die majestätischen Höhen

unserer innigen Erwartung.

Beim Begegnen neuer Seelen, so ähnlich.

Der Moment, bevor sich die Augen öffnen,

ist wie der Flügelschlag eines Kolibris,

magisch und flüchtig, erfasst in einem Atemzug.

Jazz

Diese Zeilen, wie Jazz.

Spürst du den schwingenden Takt

der Improvisation?

Hier, nur die Gegenwart,

nur der flüchtige Augenblick,

nur diese Worte.

Antworten sind fern,

nur endlose Fragen,

und lebendigere Gefühle.

Nur Buchstaben,

ohne Ursprung. Ohne Ziel.

Genieße den freien Fluss.

Mein Grund

Nicht vieles vermag es, mir Schauer

über den Rücken zu jagen.

Doch in die Augen meines vergangenen Ichs zu blicken,

in diese weiten, weltoffenen Augen,

die sich fragen, welcher Schritt als Nächstes folgt,

welches Ziel noch erreichbar ist,

und welch großartige Dinge die Zukunft birgt,

ist zweifellos außergewöhnlich.

Ich könnte nicht mit mir im Reinen sein,

würde ich hier verharren und wüsste,

dass ich es nicht schaffen würde,

nichts aus mir mache.

Ich könnte nicht mit mir leben,

würde ich dieses wunderbar unschuldige,

staunende Kind in mir enttäuschen.

Daher denke ich jeden Tag daran und blicke in die runden,
leuchtenden Augen dieses kleinen Wesens.

Um alles zu geben.

Alles.

Und noch mehr.

Gemeine Dummheit

"Nie hätte ich mir das erträumt!"

"Kaum einer ahnte, wie hart uns dies treffen würde."

"Niemand vermochte dies vorauszusehen!"

"Was hat bloß dazu geführt?"

Warum sollten wir eine Ausnahme sein?

Bereitet euch auf das Schlimmste vor.

Seid gewappnet für die Zukunft,

denn aus jenem Ursprung

kommen noch tiefere Wogen.

Ich kann nicht mehr

Die Gesichter des Hasses ertragen.

Handeln ohne ersichtlichen Grund.

Zusehen, wie ihr Verderben unaufhaltsam fortschreitet.

Atmen.

Weitergehen, ohne einen Blick zurückzuwerfen.

Lernen ohne offensichtliches Ziel.

Wegschauen, während wir in Stücke gehen.

Atmen.

Leugnen, dass ich schuldig bin.

Leben ohne klaren Zweck.

Nach oben blicken

und auf eine bessere Zukunft hoffen.

Atmen.

Atmen.

Die besten Freunde

Im Leben ist nichts kostbarer als Wissen,

es hält dich in langen Nächten wach

und verleiht dir die Furchtlosigkeit,

in die scheinbar endlosen Schatten zu treten.

Wissen ist ein Anker, der dir Standfestigkeit gibt,

selbst wenn das Schicksal in schweren Stürmen naht,

begleitet von Böen, Blitz und Donner.

Wissen spendet Trost wie eine warme Decke

in kalten Tagen und in den dunkelsten Stunden.

Die Gelehrten, die wahren Wohltäter der Menschheit,

schenken dir das wertvollste Wissen.

Daher ist es von großem Wert,

dass du in ihrer Nähe bleibst.

Samstagabend

Dort saßen wir, in unserer Jugend, auf dieser großen Welt.

Jung, unerfahren, doch voll Glück.

Mit kühlem Bier in der Hand

und dem Trost des Lagerfeuers im Rücken.

Wir blickten hinauf in den weiten Abendhimmel.

Das war es, wofür wir lebten.

Dieser Moment, der unendlich schien,

an jedem Samstagabend.

Für uns gab es nichts Kostbareres.

Die ganze kommende Woche

sehnten wir uns nach diesen Stunden,

bis der nächste Samstag kam.

Wir waren alle auf unsere eigene Weise Außenseiter.

Jeder von uns hatte seinen eigenen Rucksack voll Sorgen,

jeder trug sein Kreuz.

Aber das spielte keine Rolle,

nicht

am Samstagabend.

Giftmischer

Du, der uralte Meister der Täuschung!

Wie lange schon verweilst du

in den Schatten der Welt?

Dein finsteres Lächeln verängstigt

selbst die Unschuldigsten.

Du, der ständige Begleiter, alter Schatten!

Wie lang warst du ein Gast

in unseren Leben?

Du hast uns nie die Wahrheit erzählt!

Du, der weise Schöpfer von Trugbildern!

Deine Illusionen waren stets tückisch.

Sie erleichterten unser Dasein,

bis sie uns beinahe um den Verstand brachten.

Du, der listige Autor von Falschheit!

Deine Worte sind gefährlicher als Giftpfeile.

Wie viele Lügen hast du uns

auf einem vergoldeten Tablett serviert?

Du, der düstere Verführer!

Du ruchloser Verleumder, du mysteriöse Macht!

Du bist der Schatten, der die ganze Welt verfolgt.

Und doch leugnen wir

dich alle.

Anwalt der Menschheit.

Etwas gemeinsam haben

Sie hegen keine Erwartungen, niemals.

Und auch jetzt, hegen sie keine.

Und in der fernen Zukunft wird sich daran nichts ändern,

zumindest nicht in Bezug auf mich.

Sie harrten nicht meiner, noch meiner Worte,

nicht auf das, was ich niederschreiben werde.

Sie warteten nicht auf mich, auf meine Gedanken,

noch auf das, was ich sagen werde.

Ihre Existenz ist sich meiner nicht bewusst,

und sie werden fortfahren, ohne mich zu kennen,

und ich werde weiterleben, ohne ihre Kenntnis

über das Dasein des Fremden.

Doch am Ende, da glaube ich,

haben wir mehr

gemeinsam, als wir ahnen.

Winter

Ein kalter Wind umhüllt mich, und

jeder Atemzug fühlt sich an wie

ein Neuanfang,

ein kostbares Geschenk.

In der behütenden Dunkelheit

verläuft jeder Schritt so sanft.

Keine neugierigen Augen ruhen auf der

schattenhaften Silhouette, die

durch die weiten Straßen wandert.

Gelegentlich taucht sie auf

im bleichen Schein

der Straßenlaternen.

Niemand in der Ferne.

An diesem Abend,

zu einer Stunde jenseits des Alltäglichen.

In diesem Wetter,

im kalten Wintersturm.

Dem ersten dieses Jahres.

Das Einzige

Der Raum ist in gedämpftes Licht getaucht,

die Winterkälte schleicht sich durch die Ritzen der Fenster.

Ein Hauch warmer Dampf aus der Teetasse

schlängelt sich sanft zur Decke empor.

Nichts trübt diesen vollkommenen Augenblick.

Nur das melodische Klackern der Tasten,

während ich schreibe, durchbricht die erhabene Stille.

In diesem Moment finde ich wahre Erfüllung,

das Einzige, wonach ich immer gesucht habe.

„Normal"

Die meisten Beschäftigungen, denen

die "Alltäglichen" nachgehen,

erscheinen mir wie ein komplexes Rätsel.

Das "gewöhnliche" Leben ist für mich

wie ein endloses Panorama der

Monotonie.

Eine finstere Ebene

in der von Menschen erschaffenen

Welt der Gedanken.

Verschwinden

Das Wasser des Duschkopfes bahnt sich seinen Weg,

hinab in den tiefen Abfluss, um zu verschwinden.

Die Welt liegt noch in Dunkelheit,

nur das Dröhnen nahender Motoren durchbricht die Stille.

Sie bahnen sich ihren Weg und

verblassen in der Ferne.

Alles neigt dazu, zu verschwinden.

Manchmal ist es bloßer Zufall,

doch zuweilen auch Schicksal.

Widerspruch in sich

Viele sind jene, die leere Worte dreschen,

doch Wenige, die ihre Versprechen halten.

Viele sind die Ziele, die im Nebel

der Unklarheit verschwinden,

doch Wenige, die von der Flamme

des Willens erleuchtet werden.

Zu oft enden die Feiern in vergänglichem Glanz,

und zu selten folgt die nötige Einsicht, sie abzusagen.

Oftmals erscheint das Leben selbst

als ein Paradoxon von Widersprüchen.

Schweigen

Selten vereint in enger Umgebung,

dennoch erstrahlen die größten Hallen dieser Menschheit

durch deinen Glanz, zuweilen.

Ein schicksalhafter Fluch und

gleichzeitig ein gewaltiger Segen.

Eine verpasste Chance, doch wertvoller als bloße Worte.

Wir lernen nicht

Wir versäumten es, aus der Vergangenheit zu lernen,
die Spuren von Blut, Schweiß und Tränen.

Wir verschlossen die Augen vor der Geschichte, und
all unsere Hoffnungen zerschellten.

Immer wieder, der gleiche tragische Refrain:
Wir zahlen den Preis, für einen falschen Stolz, für Ideale,
die keine Wirklichkeit haben,
und für Nationen im Konflikt.

Denn wir, oh wie bedauerlich, lernen nicht.

Prost!

Wir kannten uns so gut, vielleicht zu gut,

über eine Dekade hinweg durchstreiften wir die Welt.

Wir hielten noch immer regelmäßig Kontakt,

in unseren Herzen waren wir Brüder, dachte ich,

und vielleicht dachte er es auch.

Er hat mein Leben gerettet,

denn er war der beste Zuhörer, den ich je hatte,

und dafür werde ich ihm auf ewig dankbar sein.

Ich konnte reden und reden,

bis in die tiefste Nacht hinein,

manchmal nickte er zustimmend,

manchmal widersprach er,

aber immer zur rechten Zeit.

Verdammt, das habe ich an ihm geschätzt.

Er war mehr als ein Freund,

und seit vier Jahren gehen wir getrennte Wege.

Ich hätte erkennen sollen, dass es vorbei war,

aber ich tat es nicht.

Doch nun sitze ich hier, mit Tränen in den Augen,

hebe mein Bier und stoße auf dich an,

mein alter Freund,

ein Teufelskerl wie kein anderer.